PLAIDOYER

PRONONCÉ PAR

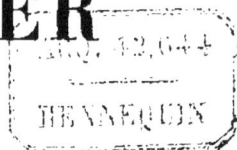

M. PH. DUPIN

POUR

LA DÉFENSE

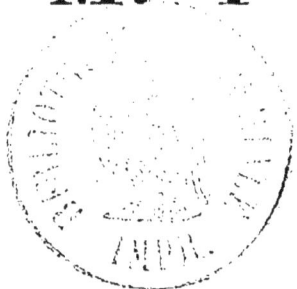

DE

M. LE GÉNÉRAL DE RIGNY

DEVANT LE CONSEIL DE GUERRE

SÉANT A MARSEILLE,

Le 1er juillet 1837.

Paris.—Imprimerie de BRUN, PAUL DAUBREE ET COMP., rue du Mail, 5.

PLAIDOYER

PRONONCÉ PAR

M. PH. DUPIN

POUR

LA DÉFENSE

DE

M. LE GÉNÉRAL DE RIGNY

DEVANT LE CONSEIL DE GUERRE SÉANT A MARSEILLE,

Le 1er Juillet 1837.

« MESSIEURS.

» Si quelque réputation militaire devait s'obscurcir dans les désastres de l'expédition de Constantine, il ne semblait point que ce fût celle de M. le général de Rigny.

» Ses antécédens militaires attestaient sa bravoure ; quelques rayons de gloire brillaient sur ses états de service, et son nom avait été honorablement inscrit dans les annales que nous a laissées la plume d'un de nos plus illustres maréchaux.

» Dans la campagne de Constantine, sa valeur ne s'était point démentie et son épée n'était pas demeurée oisive dans le fourreau. Toujours placé au poste le plus périlleux, au départ il marchait à la tête de l'avant-garde, l'arrière-garde lui fut confiée au retour, et vous avez entendu ceux qui combattirent à ses côtés rendre hommage aux qualités guerrières qu'il sut déployer à leurs yeux.

» Que si, malgré ses efforts et ceux de tant de braves officiers, la mort a moissonné abondamment autour de lui, il en ressentit la douleur, mais ne peut en porter la responsabilité. Si nos malheureux soldats tombaient engourdis par le froid, noyés par des torrens de pluie ou de neige, ensevelis dans une terre inhospitalière qui trahissait leur courage et fléchissait sous leurs pas, le général peut répondre que ce n'est pas lui qui avait mis en oubli le cours des saisons et bravé les intempéries qu'il était facile de prévoir. Si le fléau de la faim vint accroître l'œuvre de destruction qu'avaient commencé l'épuisement et la fatigue, le général peut dire que ce n'est pas son imprévoyance qui a privé l'armée des approvisionnemens nécessaires à son existence. Enfin, si l'évidente insuffisance des moyens de transport a compromis l'expédition et augmenté nos pertes, ce n'est point le général qui a annoncé comme existantes des ressources qu'il n'avait pas et prophétisé des secours qui ne devaient pas venir. Aucune mort d'homme ne peut peser sur ses souvenirs et oppresser son âme ni comme négligence, ni comme faute, et il peut se rendre hautement ce témoignage qu'il a sauvé la vie à plusieurs, partagé les périls et les souffrances de tous.

» Et cependant, au milieu des douleurs de cette cruelle retraite, un cri d'accusation s'élève tout-à-coup contre lui, avec un éclat inouï! Ce cri sinistre retentit des bords de la Seybouse aux rives de la Seine, s'accroît encore par les clameurs des partis, par les faux récits envoyés d'une plage lointaine, et bientôt il remplit la France entière.

» Le pays s'en émeut, l'homme national s'en inquiète, une sorte de colère et d'indignation se soulève, et, comme l'a dit M. le rapporteur avec un sentiment tout français, l'étranger a pu s'en réjouir un moment.

» Le général n'aurait-il pas dû être protégé par la présomption de valeur qui s'attache à l'épaulette française et qui est déjà une garantie d'honneur chez celui que décore ce glorieux insigne de commandeur ? N'aurait-on pas dû réfléchir à tout ce que recelait d'invraisemblance un reproche de faiblesse et de manque de courage contre un homme qui comptait de nombreuses campagnes et d'honorables blessures, contre un homme, enfin, qui plus d'une fois avait fait ses preuves au champ d'honneur ? N'aurait-on pas dû se dire, pour me servir d'une expression connue, que ces mots, général français et lâcheté, hurlent de se trouver ensemble ?... Mais, hélas! qui ne sait la triste disposition de l'esprit humain à croire seulement le mal ? Et puis, qui jamais aurait pu soupçonner qu'un maréchal de France pourrait, sans motiver un examen du fait, stigmatiser un de ses lieutenans d'une manière si cruelle ?

» Voilà pourtant, Messieurs, ce que le général de Rigny a été forcé de subir !

» Je n'essaierai pas de dépeindre les tortures de son âme en face de cette odieuse calomnie; ma voix y serait impuissante, et d'ailleurs qui mieux que vous peut comprendre ce que devaient être de semblables douleurs ? Quel militaire français pourrait ne pas les ressentir ? quel homme de cœur ne saurait les apprécier ? Ne l'avons-nous pas vu dans la noble émotion qui dès l'ouverture des débats permettait à peine à une bouche pure et généreuse, de formuler une semblable accusation contre un des chefs de notre armée ?

» Et toute cette famille, et ce respectable vieillard (M. le baron Louis), que la patrie a toujours trouvé prêt à la servir dans des temps difficiles, qui venait de voir la tombe se fermer avant le temps sur un neveu dont

les services avaient honoré la marine française, et qui voyait flétrir le con-
solateur laissé à ses cheveux blancs : que n'a pas été leur supplice ! combien n'ont-ils pas souffert dans cette solidarité d'honneur qui fait que la
blessure reçue par un seul saigne chez tous !

» Mais le général ni les siens n'ont point perdu courage ; ils ont eu
foi dans la justice des hommes et dans la puissance de la vérité. Sa famille
a protesté hautement contre la surprise faite à l'opinion publique, et, fort
de sa conscience, a appelé la lumière sur sa vie et le jugement du pays sur
ses actes.

» Alors a commencé une instruction qui a reçu les plus amples déve-
loppemens. Tous les témoins indiqués par les accusateurs ont été enten-
dus ou appelés ; M. le maréchal a envoyé plusieurs listes qui ont presque
éternisé ces débats. Tout a été accueilli avec empressement et vérifié avec
attention ; et malgré la soif de justification qui le dévorait, le général a
subi ce supplice prolongé sans se plaindre, cette longue attente sans murmurer, comprenant qu'il fallait laisser le champ libre à l'accusation pour
la mieux convaincre d'impuissance.

» D'un autre côté, Messieurs, le grand révélateur des vérités cachées,
le meilleur juge d'instruction des discussions humaines, celui qui finit
presque toujours par mettre les hommes et les choses à leur place, le
temps a marché, et je ne crains pas de dire qu'il a déjà beaucoup fait pour
la défense du général ; car sa main a soulevé bien des voiles qui cou-
vraient cette expédition de Constantine. Vous n'avez plus, en quelque
sorte, qu'à compléter son ouvrage.

» Ainsi, l'époque des souffrances et des préventions est finie ; l'heure
des réparations et de la justice a sonné. Le général peut enfin se montrer
au pays tel qu'il fut et qu'il sera toujours. Il est devant ses pairs, devant
les dignes représentans de l'armée, devant les juges les mieux faits pour
apprécier les exigences de la discipline, les susceptibilités du sentiment
militaire et toutes les délicatesses du point d'honneur.

» Toutefois, Messieurs, et avant de parler pour mon client, qu'il me
soit permis de dire un mot pour moi-même, et de justifier ma présence en
cette enceinte. Ce ne sont point les difficultés de la cause qui m'y ont
amené, et, d'ailleurs, quelles qu'eussent été ces difficultés, le général eût
trouvé dans cette cité des voix éloquentes pour faire éclater sa justification : témoin l'honorable confrère qui m'assiste de ses conseils et de sa
présence ; mais le général a désiré qu'une voix amie de sa famille entre-
prît sa défense, et le talent pardonnera sans doute les préférences de l'a-
mitié.

» Je viens donc expliquer la conduite du général de Rigny ; je dis expliquer la conduite, car, à proprement parler, je n'ai pas à le défendre,
puisque l'accusation est réduite, par les débats, à l'aveu de sa complète
impuissance.

» Dans cette tâche, Messieurs, je n'appellerai point à mon aide la vaine pompe des paroles; je veux que les faits seuls parlent pour le général: car si l'éloquence des faits n'est pas la plus éclatante, elle n'est pas celle qui a le moins de puissance.

» Il est toujours difficile de parler de soi, et, quand rien n'en fait une obligation, ce peut-être un travers d'amour-propre de rappeler ses services et de déployer ses titres à l'estime publique; mais quand un homme ayant valeur et respect de lui-même est mis en jugement : quand il est obligé de descendre à une défense personnelle, il est en quelque sorte condamné à faire son propre panégyrique; il a le droit alors d'évoquer les souvenirs du passé, de se parer de ses actions et de dire à ses accusateurs et à ses juges :

Examinez ma vie et voyez qui je suis.

« Ainsi je dois vous faire connaître rapidement la vie militaire du général de Rigny; elle est authentiquement écrite dans ses états de service. Vous verrez si, comme on n'a pas craint de le dire, le général de Rigny a conquis ses grades dans un salon.

» Le jeune Alexandre de Rigny était à l'école militaire de Fontainebleau, pépinière de tant d'officiers distingués. Sa promotion au grade de sous-lieutenant est datée du camp impérial de Fontainebleau, le 16 janvier 1807. Il n'avait pas encore 17 ans. Il se rend en poste à la grande armée. Il est placé dans le 26e régiment d'infanterie légère et fait avec distinction les campagnes de 1807 et de 1808 en Pologne et en Prusse, et de 1809 en Autriche et en Italie.

» Dès le 10 juin 1807, il avait reçu le baptême des braves: il fut blessé d'un coup de feu à la jambe à la bataille d'Heilsberg, à l'attaque d'une redoute enlevée par son bataillon et défendue par des grenadiers russes.

» En 1809, il prit part à toutes les sanglantes affaires de la campagne. Au combat d'Ebersberg, nommé par l'empereur Napoléon un des plus beaux faits d'armes de l'époque, il est cité avec éloge par son colonel et par le général Legrand.

» A Esling, le 26e régiment placé à l'avant-garde soutient pendant deux jours les attaques des masses autrichiennes. Le 21 mai, il reçoit une forte contusion à la hanche et ne quitte pas le champ de bataille. Le 22, un coup de feu au bras droit le met hors de combat.

» Le 31 mai, il est nommé lieutenant : il n'avait pas encore dix-neuf ans.

» A peine guéri de sa blessure, il rejoint son régiment avant la bataille de Wagram. Dès les premiers coups de canon son capitaine tombe à ses côtés. Rigny prend le commandement, et cinq jours après il est frappé d'une balle à l'épaule en poursuivant l'arrière-garde autrichienne sous les murs de Znaïm, en Moravie. Ce furent les derniers coups de fusil de cette mémorable campagne.

» De Rigny était à Vienne pour recevoir les soins qu'exigeait sa dernière blessure, lorsque le général Suchet, qui se connaissait en braves et aussi en justice, réclama ce brave officier qui s'était si bien distingué à un âge si tendre, et se l'attacha comme aide-de-camp, en récompense de sa belle conduite. De Rigny part aussitôt, arrive à Saragosse au moment où le général se portait à la rencontre de l'armée espagnole qui fut culbutée sur tous les points. Ainsi, par un privilége assez rare, il put faire deux campagnes en une seule année.

» Après le combat de Morgaless et l'assaut de Lérida, le jeune de Rigny, à peine âgé de 20 ans, fut nommé capitaine. Il assista en cette qualité à six sièges, à ceux de Lérida, de Mezimienza, de Tortosa, de Taragonne, de Sagonte et de Valence. Il fut cité avec éloge dans les Mémoires du maréchal Suchet, notamment à l'occasion de sa conduite au siège de Taragonne, brillant épisode au milieu de tant de faits d'armes remarquables. Plusieurs fois il fut signalé avec éloge par le général en chef ; à la Basseville, il monte à l'assaut à la tête des grenadiers, reçoit une blessure à la jambe gauche, est mis à l'ordre du jour et déclaré de l'étoile de la Légion-d'Honneur, qui déjà avait été demandée pour lui (*Moniteur* du 2 juillet 1811).

» Plus tard, M. de Rigny fut nommé chef d'escadron ; il fut envoyé en Saxe près de l'empereur en 1813, et attaché à l'état-major du prince de Neufchâtel. Blessé à la tête d'un coup de sabre, il tomba aux mains de l'ennemi et resta prisonnier jusqu'en 1814. A son retour en France, il fut fait lieutenant-colonel. La paix vint donner du repos aux guerriers qui avaient si bien servi leur pays. M. de Rigny prit part à toutes les guerres de la Restauration. Il fit la campagne de 1823 en Espagne, et y cueillit le genre de lauriers qu'on pouvait alors y cueillir. Au blocus de Pampelune il fut assez heureux pour sauver la vie à 63 détenus politiques qui étaient renfermés à Talène.

» Enfin, depuis juillet 1830, il entra deux fois en Belgique. Il servait au siège d'Anvers, sous l'honorable général qui commande aujourd'hui la division. Enfin, il a été à Constantine. C'est à travers tous ces services qu'il s'est frayé la route au grade de maréchal-de-camp.

» Voilà la vie militaire de ce général de salon, comme l'appelait M. le maréchal Clausel ; lorsqu'il a été promu au grade de maréchal-de-camp, il avait 25 ans de service, 10 campagnes, 5 blessures ; il avait soutenu 6 sièges, il était enfin le plus ancien colonel de son armée.

« J'arrive maintenant au procès, aux faits de la campagne de Constantine...

» Il faut rendre justice à tous. La Restauration avait noblement

vengé l'insulte faite à un de nos représentans. De là la conquête
d'Alger.

» Ce fut l'extinction de la piraterie, l'affranchissement des hon-
teux tributs que plusieurs États de l'Europe payaient encore à la
Barbarie. Mais que faire de notre conquête? Jusqu'où l'étendre? Où
s'arrêter? Coloniserait-on Alger? et de quelle manière? Le sol
conquis deviendrait-il ou non une province française? Cette question surgissait quand la révolution de 1830 s'opéra. Deux opinions se
trouvèrent donc en présence : l'une voulait l'occupation restreinte
une espèce d'établissement-modèle, un exemple donné à des
peuplades barbares de la douceur de nos mœurs, de la bonté de
nos lois, des bienfaits de la civilisation. Une autre opinion voulait
que notre domination s'étendît sur la terre africaine; elle voulait à
notre conquête un vaste, un formidable développement. Je ne juge
pas ici lequel de ces systèmes était préférable; je constate un fait.

» Le maréchal s'était posé le représentant le plus avancé du
système colonisateur; et, il faut le dire, la dignité dont il était revêtu,
l'ascendant de son nom, sa qualité de membre de la Chambre
élective, l'autorité de son opinion, donnaient un grand poids au
système qu'il avait embrassé.

» Cependant ce système n'avait pas été admis sans restriction : mais les
événemens sont plus forts que les hommes; des échecs amenèrent des expéditions : la Macta engendra Mascara, Tlemcen, et ainsi se succéda la
multitude d'opérations offensives qui n'a pas laissé se reposer nos armes
jusqu'à ce jour.

»Ces expéditions, celle de Mascara surtout, avaient laissé de tristes ensei-
gnemens : ainsi l'on s'était aperçu que les pluies automnales désolaient
le pays, et y rendaient les communications impossibles; que les fièvres ,
le manque de bois, la privation des moyens de transport en étaient la
suite. Quand fut résolue l'expédition de Constantine, on était à peu près
dans cette saison : il eût fallu prévoir ces intempéries; cela était facile, car
à Bone on put en observer les présages. Des pluies, des fièvres y assail-
lirent le soldat; mal abrité, sortant des fatigues de la mer, privé des objets
nécessaires à sa conservation, il subissait déjà le commencement des cala-
mités qui devaient le décimer bientôt. Voilà quel était l'état de l'armée
et les tristes augures du climat, au moment où l'ordre allait être donné
de s'engager dans l'intérieur du pays !

» Bone avait été choisi comme lieu de réunion et comme point
de départ. Les troupes destinées à marcher sur Constantine, s'y
trouvaient rassemblées dans les derniers jours d'octobre 1836.

» C'est dans ces circonstances que M. de Rigny, qui commandait le département du Nord, fut appelé au commandement d'une brigade à l'expédition de Constantine. Le 7 novembre, il reçut l'ordre du ministre de la guerre : le 10 il était en route, le 20 il était en Afrique.

» C'est ici le lieu de mentionner une de ces circonstances auxquelles il ne faut pas attacher plus d'importance qu'elles n'en ont réellement, mais qui pourtant méritent d'être remarquées. Je veux parler de la manière dont les rapports s'engagent entre deux personnages. M. le maréchal Clausel avait demandé un autre général que M. de Rigny, il était tout naturel qu'il vît avec déplaisir arriver à Bone, pour servir sous ses ordres à l'expédition, un général autre que celui qu'il avait choisi.

» Aussi l'accueil qu'il fit au général de Rigny se ressentit de cette disposition. Voici comment M. de Rigny s'en est expliqué dans une lettre :

« J'ai été tout surpris d'apprendre que le maréchal Clausel avait de-
» mandé pour commander sa cavalerie un autre général... De sorte que sans
» me témoigner de l'humeur, il avait peu l'air de compter sur moi. Tu vois
» que je ne commence pas précisément sous d'heureux auspices. Je ne
» m'en inquiète pas autrement. L'avenir décidera. »

» Ces sentimens de froideur, nous les retrouvons dans les souvenirs de M. de Mortemart. Il nous apprend que les mauvaises dispositions du maréchal se reflétaient chez quelques officiers de l'armée :

Regis ad exemplar totus componitur orbis,

et dans son armée un général en chef est roi.

» Le général de Rigny ne s'en effraie pas.

» D'un autre côté il voit la saison qui s'avance, les pluies qui arrivent par torrens. Dans sa correspondance, il signale ses craintes ; mais il ne s'en montre pas moins plein d'ardeur pour marcher à la rencontre d'Achmet, et pour étudier un genre de guerre nouveau pour lui.

» Les soldats déjà fatigués par la mer, entassés dans des casernes malsaines, mal abritées, tombaient malades par centaines. Le 17e léger ne comptait pas moins de six cents malades sur mille six cents. Le maréchal lui-même nous apprend qu'il laissa dans les hôpitaux près de deux mille malades sur sept mille hommes d'infanterie qu'il était parvenu à réunir.

» Aux yeux de tous, c'était folie de s'engager ainsi dans l'expédition, et M. Melcion-d'Arc, écrivait à cette époque au ministère :

« La pluie tombe jour et nuit par torrens, et la neige couvre les mon-
» tagnes ; la plaine est inondée, et les communications sont interceptées :
» tout cela nuit singulièrement aux achats de mulets et à l'apport des
» denrées. Les maisons, insuffisantes, sont traversées par la pluie ; et à
» Bone même, une partie des troupes est, avec de la paille, sous des ten-
» tes insuffisantes aussi. Il y a peu de jours encore, la chaleur était pres-

» que insupportable : Cette transition subite, la boue, les pluies conti-
» nuelles, ont augmenté de beaucoup nos malades.

» Malheureusement il paraît trop réel que, dans ce mois et une partie
» de décembre, c'est la saison des pluies et des maladies. C'était un fait
» qui ne devait guère échapper ; puisse-t-il cette fois être démenti! car
» notre position ici me paraît fort pénible, pour ne pas dire plus, si elle
» doit continuer ou, peut-être, s'aggraver encore....

» Voilà quels étaient les sentimens de M. Melcion-d'Arc; c'était aussi le
sentiment de M. de Rigny. Plus tard il fut celui du ministre actuel de la
guerre, lorsque dans la séance du 20 avril dernier il s'écriait à la tribune
nationale avec une puissante conviction : « Si j'avais été sur les lieux et
que j'eusse connu toutes ces circonstances, j'aurais été le premier à dire
à M. le général en chef : « Pour l'amour de Dieu, monsieur le maréchal,
restons où nous sommes! »

» Mais M. le général de Rigny avait accepté le commandement avec
tous ses inconvéniens, ses embarras, ses dangers; il se montra plein d'ardeur et n'hésita jamais un moment dans l'exécution des ordres qui lui fu-
rentconfiés.

» Il fut chargé par le maréchal de prendre le commandement de l'avant-
garde, et reçut l'ordre de se porter sur Guelma pour y attendre le reste du
corps expéditionnaire, rassembler les moyens de transport qu'on pourrait réunir, s'assurer des dispositions des tribus voisines et pousser en
avant des reconnaissances sur l'ennemi.

» Le 8 novembre, le général se met en marche. Il arrive le 10 à Guelma,
où il s'établit en attendant le restant de l'armée expéditionnaire. Il choisit
une bonne position et fait opérer des travaux de retranchement qui ob-
tiennent l'assentiment et les éloges du maréchal.

» Le 12, l'armée se met en marche. Le 14, il y avait déjà 950 malades dans
la petite troupe du général de Rigny; et de plus, au lieu d'avoir vu les tribus indigènes se joindre à nos rangs comme le maréchal s'en était flatté, il
y avait beaucoup de désertions dans les rangs des troupes arabes qui fai
saient partie de l'avant-garde. C'est dans cette circonstance que le maréchal, à la date du 14 novembre, faisait donner au général de Rigny le sin-
gulier ordre que voici :

« Quant aux malades, M. le maréchal vous recommande de réunir le
» plus de moyens de transport possible, afin de pouvoir faire suivre tout
» les fiévreux. Constantine étant à peu près à la même distance que Bone,
» il vaut mieux emporter nos malades avec nous. »

» C'était bien là la plus étrange des mesures: transporter des malades avec
soi, changer la marche de l'armée dans de tels embarras, dans une saison
semblable, dans un tel pays, avec des moyens de transport déjà reconnus
insuffisans!

» M. de Rigny parvint à faire comprendre au maréchal qu'il fallait renoncer à ce parti; le 15 on atteignit Guelma, et les malades y furent laissés avec des moyens suffisans de protection, tout ce que l'ambulance pouvait offrir de secours.

Le 16 on se remit en marche. Le général de Rigny, à la tête de l'avant-garde, passa la Seybouse.

» Bientôt on fut assailli par les frimas.

« Le 19, dit le maréchal dans son rapport, nous campâmes à Raz-oued-» Zenati, et ce fut là que commencèrent, pour l'armée, des souffrances » inouïes et les mécomptes les plus cruels. »

Ces mécomptes n'étaient autre chose que la continuation de cet horrible temps qui sévissait à Bone dès avant le départ de l'armée. « Pendant la » nuit, dit toujours le rapport, la pluie, la neige et la grêle tombèrent » avec tant d'abondance et de continuité que nous fûmes exposés à toutes » les rigueurs d'un hiver de Saint-Pétersbourg en même temps que les » terres entièrement défoncées représentaient aux vieux officiers les » boues de Varsovie. » (C'était toujours le terrain décrit par Salluste.)

« » Le 20 novembre, on arriva sur les hauteurs d'où on aperçoit Constantine. On avait annoncé qu'il n'y avait que trois jours de marche de Bone à Constantine, on marchait depuis cinq, l'on était encore à cinq lieues de cette ville, tant on était bien renseigné! L'avant-garde bivouaqua au pied de ce qu'on est convenu d'appeler le Monument, reste de construction dont on ignore l'objet et l'origine.

» Le froid devenait excessif; beaucoup d'hommes eurent les pieds gelés, beaucoup d'autres périrent pendant la nuit.

» C'est alors que fut publié un ordre du jour du maréchal qui annonce qu'il va arriver à Constantine, partage la ville en divers arrondissemens qui doivent être soumis à divers chefs et donne à cet égard différens ordres de police et de sûreté. (On rit.)

» Le 21, l'avant-garde se remet en marche, et reçoit l'ordre de prendre position sur les hauteurs du Sud, au plateau de Coudiath-Aty. Evidemment c'était le côté par où devait s'opérer l'attaque, et pour le comprendre il n'est pas besoin d'avoir les connaissances stratégiques qui vous appartiennent. En effet le plateau de Coudiath Aty domine la ville, et de cette élévation l'œil peut plonger dans l'enceinte.

» Les ordres du maréchal furent parfaitement exécutés par l'avant-garde. « La brigade d'avant-garde, dit le rapport, après avoir traversé le Rum-« mel, se porta sur les hauteurs qui, défendues par les Kabyles sortis en » grand nombre de la place, furent successivement et bravement enlevées » par nos troupes. Elles s'y établirent sous le canon des Arabes. »

» Les ennemis furent en effet débusqués du cimetière, refoulés dans la place et poursuivis jusqu'au faubourg par les escadrons des chasseurs d'Afrique, qui s'avancèrent jusqu'à deux cents pas de la porte de Constantine. La position fut enlevée en un instant. M. le commandant Pes-

son vous a dit combien cette charge, qu'on a accusé, dans l'ouvrage publié par M. le maréchal Clausel, d'avoir été lente, fut au contraire brillante
et rapide : les fusils mouillés par la pluie et par le passage de la riviè-
re ne partaient pas: la position fut enlevée à la baïonnette. Pendant ce
temps M. le général de Rigny n'était pas resté oisif; il était à la tête de
la cavalerie et appuyait les efforts de l'infanterie.

» Voilà donc l'avant-garde dans une position avantageuse, et tout faisait croire que le corps d'armée viendrait y porter tous les efforts de
l'attaque.

» Cependant le maréchal Clausel crut devoir attaquer par la porte d'El
Cantara, dans un lieu où le Rummel, un ravin considérable et le rocher
sur lequel est bâti Constantine, présentent un rempart formidable. Il dit
pour motif, « qu'il était de toute impossibilité de conduire là de l'artillerie de campagne qui déjà sous le plateau de Maésoura s'enfonçait en
place jusqu'au moyeu des roues. »

» Vous savez ce qui advint à la porte d'El-Cantara : la première position
fut enlevée; mais après cet avantage, on trouva une seconde enceinte et
une porte qu'on ne connaissait pas et qui obligea les troupes de rétro-
grader.

» Achmet en homme habile ne s'était pas renfermé dans la ville; il te-
nait la campagne en harcelant l'armée, tandis que celle-ci avait à résister
aux sorties qu'on faisait de la place où avaient été laissés les Turcs et les
Kabyles. Le 22, une de ces sorties soutenue par Achmet-Bey fut vigou-
reusement repoussée par les troupes de l'avant-garde : 150 à 200 morts restèrent sur le champ de bataille. Le général de Rigny chargea dans cette
rencontre à la tête de sa troupe. Il eut même un cheval blessé sous lui. Ce
fut l'affaire la plus sérieuse de la campagne.

» Cette attaque était à peine repoussée qu'Achmet-Bey reparaît avec sa
cavalerie, mais le général de Rigny se porte rapidement au devant de lui
et le repousse.

» M. le maréchal, dans son rapport, rend compte de cette action; mais il
a soin de passer sous silence le nom de M. de Rigny et même des officiers
de sa brigade qui s'y distinguèrent, comme si le mauvais vouloir, à l'égard
du chef, devait rejaillir sur ceux qui étaient sous ses ordres.

« Durant toute cette journée, dit-il, la brigade d'avant-gar de soutint un
» combat brillant contre les Arabes réunis à l'infanterie turque, sortit
» par une des portes que nous ne pouvions bloquer, puisque nous n'avions
» plus que trois mille hommes sous les armes. »

» Pendant la nuit, une attaque pouvait avoir lieu. Les troupes restèrent
sur pied une partie de la nuit, les fatigues du jour en furent doublées.
Mais rien ne bougea. Le lendemain 23, Achmet-Bey se présenta avec sa
cavalerie, soutenu par les tirailleurs de la ville. Le général laissa le colonel Duvivier pour garder le plateau de Coudiath-Aty, et s'avança de sa

personne, avec le reste de ses forces, contre Achmet-Bey. Après plusieurs charges, le bey fut forcé à la retraite.

» Justice est encore rendue à l'avant-garde dans le rapport à ce sujet, mais le nom de M. de Rigny n'y figure pas davantage.

« Le 23, tandis que l'artillerie continuait à battre la ville, la brigade d'a-
» vant-garde fut vivement attaquée. Elle culbuta l'ennemi sur tous les
» points, et la cavalerie tua et sabra une grande partie de l'infanterie tur-
» que du bey. »

» Seulement, et par une fatalité qui s'attache bien souvent à son récit, le maréchal ajoute :

« Ce fut le chef d'escadron de Thorigny qui dirigea cette charge de la
» manière la plus brillante, et durant tout le reste de la campagne il n'a
» cessé de donner des preuves de valeur et de sang-froid. »

» Mais d'abord, la charge à laquelle M. de Thorigny prit part est du 22 et non du 23; et puis c'est que M. de Thorigny, qui d'ailleurs est au dire de tout le monde un officier digne de tous éloges, y assista, mais ne la dirigea pas. C'est ce qui résulte des dépositions de MM. de Thorigny et du colonel Corréard. Ainsi, par une double injustice ou si l'on veut par une double erreur, on retire l'honneur de ce fait d'armes à ceux auxquels il appartient et on le donne à un officier auquel il n'appartient pas.

» La position devenait horrible, les munitions étaient épuisées, on n'avait plus de vivres, le corps d'armée épuisé par la fatigue voyait à cha-que instant diminuer le nombre de ses combattans et augmenter d'autant le nombre des malades et des blessés. Vers les 4 ou 5 heures de l'après-midi, un carabinier du 2e léger arrive tout nu. Ce brave, dans cette sai-son rigoureuse, avait consenti à traverser le Rummel à la nage; il ap-porte un billet écrit au crayon adressé au général de Rigny. Ce billet an-nonçait que le maréchal avait l'intention d'attaquer dans la nuit et que le général devait en conséquence prendre les dispositions nécessaires. Ce billet était ainsi conçu :

Billet écrit au crayon le 23 à cinq heures du soir.

« Mon Général,

» M. le maréchal vous envoyait des cartouches et la compagnie du
» 17mo léger. Le maréchal attaquera ce soir la porte du Pont. Il vous
» invite à attirer l'attention de l'ennemi de votre côté pendant cette opé-
» ration, dont l'heure n'est pas précisée.

» Les gués étant grossis, nous n'avons pu passer.

» *Signé* St.-Hippolyte. »

» M. le général de Rigny prend ses dispositions et attend la fixation de l'heure à laquelle devait s'opérer l'attaque pour faire diversion. Cette heure était dix heures du soir ; mais l'officier qui l'apportait, M. de St-

Hippolyte, ne peut arriver qu'à onze ; il l'avoue lui-même : le retard ne peut plus être imputé au général.

» Le général avait désigné pour cette attaque le 2me léger , commandé par le commandant Changarnier qui s'est si bien distingué dans cette campagne. Il était impossible de remettre l'affaire en meilleure main; mais M. St-Hippolyte apporte l'ordre formel de faire opérer l'attaque par les bataillons d'Afrique : cela cause un nouveau retard ; l'ennemi était sur ses gardes. L'attaque dirigée par M. le colonel Duvivier ne réussit pas, faute de moyens suffisans. »

Me Dupin rend compte ici, avec les dépositions des témoins, des motifs qui empêchèrent les troupes et l'artillerie, placées sur le plateau, de faire feu sur la ville ; le colonel Duvivier lui-même s'y étant opposé, de peur qu'un obus lancé par les pièces de campagne ne vînt au bas du plateau tomber sur ses soldats et augmenter le désordre d'une attaque faite au milieu de la nuit. Il rappelle à cet égard les dépositions si positives de MM. Pesson et Poulle. Il rend compte enfin des ordres donnés, des dispositions prises et des préparatifs faits pour la retraite. Il retrace ensuite dans un court résumé les témoignages éclatans rendus à la bravoure et surtout au sang-froid déployés par M. de Rigny pendant toute la durée du siége.

« Au surplus, poursuit l'avocat, la meilleure preuve que le maréchal lui-même avait su apprécier la belle conduite du général de Rigny, c'est qu'il le chargea du commandement de l'arrière-garde, c'est-à-dire du poste le plus difficile de la retraite.

» Cette retraite fut belle et honorable sans doute; mais enfin il en fut de celle-ci comme de toutes les retraites possibles, ce fut l'arrière-garde qui dut en supporter tout le poids. Les Arabes, enivrés de cette espèce de succès qu'ils devaient aux élémens et à la saison, se jetaient sur les troupes qui fermaient la marche, animés surtout par l'appât de l'horrible salaire qu'ils reçoivent pour chaque tête de Français rapportée par eux.

» Ce fut là que le général fut témoin du spectacle le plus déchirant qui puisse affecter les regards d'un chef d'armée. Lorsqu'au milieu de la gloire du combat le soldat meurt, il meurt avec éclat, il ne tombe pas sans vengeance : s'il reçoit la mort, il vient de la donner peut-être à un ennemi; et puis la victoire attend peut-être ses compagnons d'armes : mais ici la mort se présentait sans compensation et avec toutes ses horreurs et avec tout ce qu'elle a d'affreux, lorsqu'elle est dépouillée du prestige de la gloire. Ces malheureux soldats, exténués par la faim et les fatigues, raidis par les frimats, tombaient épuisés sur la route. Leurs frères d'armes étaient obligés de les abandonner, et bientôt le cimeterre des Arabes venait leur arracher une vie en partie épuisée. Le général donne ses chevaux, fait descendre des cavaliers; il allait lui-même aux traînards, les exhortait, les priait, les menaçait et faisait dans cette horrible circonstance tous les

efforts que son humanité lui suggérait. On le voyait prendre de ces malheureux par la main et les soutenir; dire à d'autres de prendre la crinière
de son cheval. Mais il voyait trop souvent ses efforts réduits à l'impuissance, et les malheureux soldats restés sur le chemin tombaient sous les coups
des Arabes. Tel était le spectacle qui frappait ses regards, spectacle affreux,
si bien décrit par les témoins, et notamment par M. Vernon.

» Il y avait nécessité absolue d'arrêter la tête de la colonne; car toutes
les fois qu'il y avait un engagement à l'arrière-garde, celle-ci se trouvait
arrêtée pendant la durée de cet engagement. D'un autre côté, il fallait
bien prendre quelques instans de repos. Il en résultait que l'arrière-
garde était obligée de presser sa marche pour rejoindre le corps d'armée,
et alors le nombre des traînards et des hommes abandonnés s'accroissait;
car on comprend que les blessés et les malades qui avaient assez de peine
à suivre, ne pouvaient pas regagner les distances. M. de Rigny avait envoyé
prier M. le maréchal de ralentir sa marche; il n'avait pas obtenu de réponse, et déjà il avait éprouvé de l'humeur et du mécontentement : non
pas pour lui, assurément, qu'avait-il à craindre personnellement? Blessé,
il eût été porté par ses soldats; mais il souffrait pour les autres, pour les
blessés, les malades, les traînards. Ces sentimens, il n'a pas à en rougir; ils
seront honorablement appréciés par tous les chefs qui comprennent qu'ils
sont les tuteurs des soldats confiés à leurs soins, par tous ceux qui se sentent émus de pitié en présence des maux du soldat, qui veulent autant
qu'il se peut que pas un ne périsse abandonné. Ces sentimens étaient
ceux de M. de Rigny, il peut s'en glorifier. Je ne crains pas de le dire
hautement : malheur à ceux qui ne le comprendraient pas ! (Vive et
profonde sensation.)

» Eh bien! on marchait dès la pointe du jour, on manquait de vivres,
de feu pour ranimer les forces, et, de plus, un épisode avait ajouté à ces
causes de sinistres embarras : une voiture du génie était embourbée; on
avait voulu en couper les attelages, et il s'y était opposé. Il avait envoyé
en avant prendre des chevaux de renfort; enfin il avait réussi... C'est là
le fait si indignement dénaturé plus tard. Mais il en était résulté un retard forcé dans la marche de l'arrière-garde; tout cela augmentait le
danger que j'ai signalé. »

M⁰ Dupin suit pas à pas les mouvemens de l'armée expéditionnaire :

« Et remarquez, Messieurs, poursuit-il, dès deux heures après-midi les
attaques de l'ennemi s'étaient ralenties, le feu avait cessé; le danger immédiat
du combat avait disparu. Or il est des momens où je comprendrais qu'un homme qui ne serait pas trempé comme le général, pût s'émouvoir; ainsi, au milieu des dangers, dans une mêlée, à l'assaut de Saragosse par exemple, je
l'admettrais... mais ici, où était le danger? où était l'attaque? où donc était
ce péril tellement énorme, qu'il devait détruire le calme, abattre la fermeté d'un général français ? mais disons-le plutôt, et ici, au moins, on

nous comprendra : des troupes harassées, des malades, des blessés s'accumulant, une marche qui se prolongeait vers la nuit; voilà ce qui faisait la préoccupation du général; eh bien ! deux fois il avait envoyé des officiers d'ordonnance pour dire au maréchal : « Au nom du ciel, arrêtez !» et point de réponse; et comprenez le mal que la nuit fait en pareil cas : de jour , quand un traînard s'arrêtait, on le voyait, on le ranimait; il fallait jusqu'à le frapper pour le tirer de son anéantissement: « Mais la nuit, lui disaient ses officiers, nous ne verrons plus ces malheureux ! il en faudra semer la terre d'Afrique, ils vont être la proie des Arabes, voilà ce qui les attend. »

» Eh bien ! il me semble que ce sentiment-là a une noble origine. C'est de la prévision, j'admettrai qu'elle fut extrême; mieux vaut prévoir sans nécessité, que de causer des malheurs pour n'avoir rien prévu.

» Maintenant, Messieurs, considérez la position : Achmet n'attaquait pas, mais il était en bon ordre, il gagnait du terrain sur la droite, il manœuvrait sur la hauteur de la colonne. Etranger à la stratégie, j'ai demandé à des militaires si la prévision d'une attaque n'était pas fondée, et tous m'ont dit: Oui; et même plus, c'est que si nous avions eu un autre ennemi que des Arabes, il y a certitude qu'il n'y eût pas manqué, pouvant, des hauteurs, prendre sur nous l'avantage du terrain...

» Et le général ne recevait point de réponse ! ...

» Supposez, Messieurs, qu'on fût un instant coupé; supposez même une fausse alerte, c'était déjà beaucoup trop. A l'avant-garde, on voit les bons, la santé, la vigueur; à l'arrière-garde, la faiblesse et la misère. Eh bien! il y a, dans ces douleurs qui s'amoncèlent, quelque chose qui afflige l'humanité, tandis qu'à la tête on ne se doute pas de ce qu'on laisse après soi·

» Que fait alors M. de Rigny? Il lance son cheval au galop et va au maréchal. Mais quand il part, est-ce comme un homme en démence, en insensé! Voyons ce qu'il dit quand il rencontre les colonels. Voyons ce qu'il dit à ceux qui ont écouté avec calme et sang-froid.

» Et d'abord, ne nous laissons pas surprendre par les mots : il ne s'agit pas ici d'une grande armée; il s'agit d'un corps d'armée de quelques mille hommes : c'était presque comme un régiment en marche, avec ses bataillons de distance en distance; en sorte que ce n'est point un général qui quitte son armée, mais tout simplement un général qui va de queue en tête pour conférer avec son général en chef. Il y va , sans sortir du carré; il est à quelques minutes; et si les Arabes eussent attaqué, en tournant bride, il eût été aussitôt à son poste! Voilà donc le mouvement expliqué. Et ce n'est pas même sans précaution : il confie le commandement au colonel Corbin. Certes , il ne périclitait pas!

» Il passe devant le 59e. Il faut apprécier les circonstances : dans une position vive, on juge plus vivement. Il voit un peu de désordre, non pas dans le mauvais sens; mais enfin il trouve les hommes disséminés, coupant des chardons : il en éprouve du mécontentement, et l'exprime en ordonnant qu'on reprenne les rangs. Ce désordre est attesté par M. de Mortemart, par M. Baude, par M. Chasseloup. Mais sont-ce là des paroles de découragement ? Dire à des soldats : Prenez garde à l'ennemi, évitez de vous faire surprendre ! Mais c'est éveiller leur courage, ou je ne comprends plus le français !

» Alors le général se dirige vers une hauteur où il rencontre M. Napoléon Bertrand.

» Ici, Messieurs, se place une réflexion toute naturelle ; il faut, en semblable circonstance, faire la part de la préoccupation qui peut exister entre celui qui parle et celui qui écoute, il peut en résulter que l'un, trop pressé, ne s'exprime pas très clairement, et que l'autre, un peu étonné, entende mal.

» Or, M. de Rigny dit à M. Bertrand : « Nous marchons en désordre. » M. Bertrand entend : Toute l'arrière-garde est en désordre ; et cependant il ne pouvait entrer dans l'esprit de M. de Rigny d'accuser l'arrière-garde de marcher en désordre, car c'eût été accuser son propre commandement et cela pour dire une chose inexacte. Cependant M. le maréchal Clausel, averti par M. Bertrand, pousse son cheval vers l'arrière-garde en dehors du carré ; il rencontre M. de Rigny qui lui dit : « Nous allons trop vite, l'arrière-garde ne peut plus vous suivre ; les soldats sans vivres, sans moyens d'existence, sans repos, ne peuvent plus marcher : arrêtons-nous. » M. le maréchal Clausel répond : « Nous arrêterons ; mais vous permettez bien, sans doute, que nous arrivions jusqu'au douar que j'ai reconnu. » Il faut remarquer ici que M. Bertrand venait de rapporter à M. Clausel tout ce qu'avait dit M. de Rigny. Certes si quelques paroles offensantes avaient été proférées, si M. Bertrand les avait rapportées au maréchal, le chef n'aurait pas manqué de faire respecter son autorité ; si le général avait dit que l'arrière-gardre était en désordre, le maréchal eût constaté qu'il avait erré ; enfin si c'eût été une faute d'avoir quitté l'arrière-garde pendant quelques minutes, le maréchal l'aurait réprimée. Eh bien ! le maréchal ne dit rien : y a-t-il donc là place au soupçon et à l'accusation de lâcheté ? y a-t-il rien qui ressemble à une faute quelconque ? J'en appelle à tous les militaires qui m'entendent : il y a chez eux, en pareil cas, un sentiment d'honneur qui ne les trompe jamais. Lorsqu'il s'agit de lâcheté ou de faiblesse, un sentiment vif, rapide, puissant, s'émeut chez eux, comme chez les musiciens dont un son faux blesse les oreilles. (Mouvement d'adhésion.) Ce n'est point par réflexion qu'ils sentent une faute de ce genre ; c'est à l'instant même qu'ils comprennent, sentent, jugent, condamnent. Le silence, de leur part, est absolution. Et le maréchal a gardé le silence. Pas une parole de sévérité ne sort de sa bouche ; c'était cependant alors, s'il y avait eu de la faiblesse, qu'il fallait sévir, qu'il fallait briser l'épée d'un lâche, lui arracher ses

épaulettes de général, alors qu'il les avait souillées par un acte de pusilla-
nimité. Encore une fois, le silence est absolution.

» Ce n'est pas tout. Écoutez un homme grave, loyal, au-dessus de toute
influence, M. de Mortemart. Il dépose que le maréchal lui a parlé, le soir,
des événemens de la journée avec un calme parfait, sans faire entendre aucune plainte contre personne, et sans prononcer le nom de M. de Rigny.
Écoutons M. de Drée : Le maréchal ne fait aucune réflexion sur ce qui venait de se passer, et s'est borné à dire : « Allons nous coucher, il est tard, et
tâchons que rien ne vienne plus nous troubler. » Ce n'est pas tout encore·
Arrivé au bivouac, le maréchal donne des ordres pour la marche du lendemain; or, qu'on l'entende bien, car je ne saurais le redire assez souvent,
et qu'on gémisse de l'inexplicable ordre du jour qui a été publié plus tard·
Assurément, si les faits contenus dans cet ordre du jour étaient vrais, le
général coupable d'un tel acte de faiblesse eût été dépouillé à l'instant de
son commandement. Mais ce qu'on ne comprendrait jamais en présence de
semblables faits, ce serait qu'on eût postérieurement ajouté à l'importance
du commandement de M. de Rigny. Eh bien ! le 25 au soir, le maréchal
met non pas seulement l'arrière-garde, mais toutes les troupes sous les
ordres de M. le général de Rigny. Voici l'ordre du jour envoyé par le colonel chef d'état-major :

Ordre du Jour.

« Le maréchal ordonne à tous les corps de s'approvisionner en grains
» à raison de 4 livres par homme. Il recommande en outre la plus grande
» surveillance, parce que les Arabes bivouaquent dans les environs du
» camp, et il devient aussi indispensable d'observer demain le plus grand
» ordre dans la marche.

» Les directeurs de l'artillerie et du génie se mettront en mesure de faire
» charger tous les jours sur leurs voitures, avant le départ, tous les bles-
» sés et malades que l'administration sera dans l'impossibilité de faire
» transporter. Le régiment de chasseurs affectera journellement à ce
» même service les chevaux d'un escadron. Le général de Rigny aura
» tous les jours le commandement, en arrivant au bivouac, des troupes
» campées; il désignera un commissaire pour chaque face du carré et
» donnera des ordres pour que des patrouilles volantes aient lieu régu-
» lièrement toutes les nuits.

» Le maréchal a remarqué que, dans la journée d'aujourd'hui, on a-
» vait beaucoup trop tiraillé. Il rappelle à cet égard les inconvéniens
» qui résultent de tiraillemens trop fréquens : ils occasionnent inutile-
» ment la consommation de munitions précieuses ; ils accoutument les
» Arabes à braver notre feu; enfin, ils retardent la marche des colonnes
» en fatiguant sans but les soldats.

» La diane se battra demain à 5 heures, et on se mettra en marche
» à 6 heures.

» Par ordre du maréchal, -gouverneur-général,
» Le colonel-chef d'état-major-général.
» Signé DUVERGER. »

M⁰ Dupin arrive à la scène qui se serait passée dans la tente du maréchal, et telle que la racontent quelques témoins.

« Non, non, s'écrie l'avocat, vous qui connaissez maintenant la conduite du général de Rigny, vous ne pouvez croire un tel récit : vous qui l'avez vu la tête haute, la poitrine découverte devant le feu de l'ennemi, vous ne croirez pas qu'il a pu se jeter à genoux, supplier en présence de la calomnie. Lui, demander grâce !... Lui, à genoux...

M. DE RIGNY, se levant et d'une voix tonnante : C'est faux... sur l'honneur, c'est faux. (Sensation prolongée.)

M⁰ DUPIN : Vous l'entendez... c'est là le cri de la conscience... Tout au plus aurait-il pu devant son supérieur, demander qu'on différât de le flétrir avant de l'entendre. Mais non, ces supplications qui seraient permises et honorables, le général de Rigny les repousse complètement. Il n'a, je le répète, à opposer à cette partie de la déposition que des dénégations. Vous peserez, Messieurs, ou plutôt vous avez déjà pesé la valeur de ses protestations.

» Enfin le maréchal retire son ordre du jour, parce que le général a demandé à passer devant une commission d'enquête. Voilà le maréchal dans la voie de la justice et de la vérité, le général demande à se justifier, il faut attendre. »

M⁰ Dupin remarque que ce motif si plausible, si juste, que le maréchal donnait à M. le colonel Duverger pour consentir au retrait de l'ordre du jour, n'est plus celui qu'il donne au ministre de la guerre, alors qu'il est appelé à justifier devant son supérieur la mesure exorbitante par lui prise à l'égard du général. Ce n'est plus le motif de la commission d'enquête que donne le maréchal; un autre motif lui vient à l'esprit, et le voilà qui ge encore de langage.

M⁰ Dupin rappelle que dans son rapport M. le maréchal Clausel fait entendre qu'il a voulu donner au général le temps de se faire tuer dans une charge d'avant-garde. « Au moins, s'écrie l'avocat, ce moyen convenait-il mieux à un homme comme M. de Rigny que des supplications; on peut demander une tombe, mais on ne se met pas à genoux ! »

M⁰ Dupin résume ensuite les nombreuses variations du maréchal Clausel, ses manques constans de mémoire. Il le présente se trompant sur les dates des attaques, sur les noms des chefs qui y ont pris part, sur les motifs qui l'ont fait agir. Il admet que dans ces différentes circonstances le maréchal ait été animé du désir de rendre hommage à la vérité, «mais je crois, dit l'avocat, m'expliquer avec indulgence en disant que le maréchal ne s'est pas montré d'accord avec lui-même.

» La journée du 26 s'écoule tranquillement. C'est alors, si la raison donnée à M. le ministre de la guerre est sérieuse, que M. le maréchal va ressaisir son ordre du jour. En effet, le général ne s'est pas réhabilité. Cependant le maréchal n'en fait rien. Le 27 on vient camper sur les bords de la Seybouse: le général fait au maréchal la visite prescrite par les réglemens, il veut entrer en explications ; le maréchal lui répond que tout est oublié. Le 28, le général, commandant toujours l'arrière-garde, dirige le passage de la Seybouse. Le même soir on arrive près de Guelma. Aucun reproche n'est adressé, et c'est le 29 qu'apparaît l'ordre du jour. Ici se présente une réflexion fâcheuse. Le silence a été rompu une première fois par suite d'une démarche faite par M. Melcion-d'Arc; le silence est encore rompu cette fois par suite d'une démarche semblable : c'est à la suite d'une conversation qui, vraisemblablement, et contre le gré sans doute du fonctionnaire dont je parle, a ravivé les blessures faites à l'amour-propre, et qui n'étaient pas tout-à-fait cicatrisées. »

Me Dupin donne lecture de l'ordre du jour et insiste avec force sur cette phrase : « Un seul a montré de la faiblesse. »

« Remarquez ici, continue l'avocat, que ce reproche de faiblesse n'avait pas figuré, même par analogie, dans le premier ordre du jour, le reproche n'apparaît qu'à la fin du quatrième jour. Il n'était pas dans le premier ordre du jour ; il ne figure pas dans le rapport à M. le ministre de la guerre : nouvel et désolant exemple de cette variation continuelle que je vous signalais tout-à-l'heure ; c'est là un malheur, une désolation pour nous. Une telle mobilité blesse dans les choses ordinaires de la vie, mais dans des choses aussi graves c'est une véritable désolation. »

Me Dupin rappelle ici avec les dépositions des témoins l'effet produit dans l'armée à la lecture de cet ordre du jour. On se demandait à qui il pouvait s'adresser: et quand on sut qu'il s'adressait à M. de Rigny, les sentimens des soldats et des officiers qui avaient admiré le sang-froid et le courage si remarquables du général, furent ceux de l'étonnement, de la tristesse et de l'indignation. L'armée se disloque à Bone ; le maréchal demande un rapport au général qui n'a pas quitté un seul instant son commandement. Pendant que M. de Rigny le rédige, M. de La Susse, commandant du *Montebello*, lui propose de le prendre sur son bord pour Alger. M. de Rigny n'a pas de permission, il le dit à M. de La Susse qui revient bientôt après avec un ordre d'embarquement pour Alger. Arrivé le 14 en cette ville, il apprend avec étonnement que le maréchal s'y plaint de ce qu'il a quitté Bone sans permission ; qu'il pourrait être considéré comme déserteur, et que cela l'exposerait à passer devant un conseil de guerre. Le général, surpris comme on peut le croire, va trouver le maréchal pour s'expliquer avec lui. Il lui montre l'ordre d'embarquement signé de lui, et voilà le maréchal forcé de dire : « C'est un propos sans conséquence, je m'étonne qu'il soit arrivé jus- « qu'à vous. Tenez, je dîne aujourd'hui avec M. de La Susse, venez « dîner chez moi. »

» C'est encore là pour moi un grand sujet d'étonnement ; il s'agit bien de l'homme qui a été signalé dans l'ordre du jour du 29 comme ayant montré de la faiblesse, et voilà le maréchal qui fait asseoir un lâche à sa table! Je ne comprends pas qu'un maréchal de France fasse asseoir à sa table l'homme qui a ainsi oublié tous les devoirs de la discipline et ses obligations au point de vouloir soulever les troupes contre le général en chef. Aussi c'est à ce sentiment, à ces réflexions toutes naturelles qu'a obéi M. de Rigny en acceptant l'invitation de M. le maréchal Clausel ; il s'est dit : Si je ne consultais que mon ressentiment, que ma fierté blessée l'invitation serait dédaignée ; mais une seule pensée m'anime, un seul besoin me dirige, c'est celui de mon honneur, de ma réhabilitation, et c'en est déjà une que de me faire voir, la tête haute et le cœur assuré, à mes compagnons d'armes, assis à la table du général en chef. Qu'on blâme l'acceptation de l'invitation sous le point de vue de l'étiquette, j'y consens ; mais qu'on rende justice à la pensée qui animait le général en cette occasion. Le 17 M. de Rigny reçoit son ordre de départ.

» Cependant les fâcheuses nouvelles de Constantine pénétraient en France, sourdement d'abord. avec plus d'éclat ensuite. Des dépêches télégraphiques morcelées, un long rapport en apportent la nouvelle avec ses détails. Dans ce rapport, il n'y a pas un mot contre le général. L'ordre du jour n'était pas arrivé, mais l'inimitié qui poursuivait le général ne dormait pas. Toutes sortes de rumeurs étaient propagées, recueillies par les oisifs. On parlait d'un *sauve qui peut*, d'un général qui avait fui, d'un champ de chardons pris pour des Arabes ; la presse accueillait ces rumeurs ; les rapports lui arrivaient par des voies (étrangères, au maréchal, j'en suis convaincu, je suis loin de vouloir lui imputer d'en avoir été l'auteur) ; mais ils arrivaient, ces rapports par des personnes qui savaient ce qui s'était passé entre le maréchal et le général. Voilà de quelle manière les faits étaient travestis par les correspondances arrivées d'Afrique.

» Vous connaissez maintenant les faits, Messieurs, il importe à la justification, à l'honneur du général que chacun de ces faits soient détruits par lui de manière à ce que l'opinion ne flotte pas incertaine. C'est pour satisfaire à ces exigences que je poursuis le cours de cette discussion. »

Me Dupin rappelle ici que l'ordre du jour arriva à Paris par *l'Eclaireur de la Méditerranée* ; le général demanda des juges. Il faut maintenant examiner les divers griefs : le grief d'avoir montré de la faiblesse étant le plus grave de tous pour un militaire, doit être examiné le premier.

Pour le combattre, M⁰ Dupin rappelle les nombreuses dépositions de témoins attestant la bravoure et le sang-froid du général, sa conduite à l'avant-garde, ses honorables antécédens. Il montre ensuite que l'accusation, injuste et imméritée qu'elle est, est absurde, puisque le général aurait, au dire de l'accusation, montré de la faiblesse au moment où il n'y avait pas de danger. Ainsi il aurait été plein de bravoure et de sang-froid pendant tout le temps où l'ennemi aurait été là, où le danger aurait été pressant, et ce ne serait qu'après qu'il aurait été passé qu'il aurait été faible et pusillanime.

Le second grief se rapproche du premier et il est à remarquer qu'il a été jeté après coup dans les débats. Il consisterait en ce que le général aurait abandonné les blessés de l'arrière-garde et le corps chargé de protéger la retraite. M⁰ Dupin fait d'abord remarquer que le rapport qui a donné lieu au deuxième grief a été transmis directement par M. Duvivier au maréchal, ce qui constitue une grave infraction aux règles de la discipline : il demande où en seraient la discipline et les garanties d'ordre et de sûreté, si de pareils principes pouvaient prévaloir ; si le colonel, faisait un rapport contre son général, le chef de bataillon pourrait en faire un contre son colonel, le capitaine contre son chef de bataillon.

Quant au reproche en lui-même, M⁰ Dupin le combat en rappelant les dépositions si positives de MM. le colonel Corbin, le capitaine Poulle, le commandant Pesson ; et de M. Changarnier lui-même, qui résume en un mot la défense sur ce point en déclarant que jamais il ne s'est cru abandonné.

« Quant au reproche d'avoir quitté son poste, dit M⁰ Dupin, il ne soutient pas la discussion ; il s'agissait d'une colonne tenant à peine un quart de lieue, et le poste d'un officier-général n'est pas tellement restreint qu'il ne puisse, lorsque la nécessité l'exige, parcourir pour la sûreté des troupes dont il répond une ligne de cette étendue. En présence du danger qui pouvait menacer la colonne par suite de la manœuvre des Arabes sur la gauche de la colonne, ce n'était pas un droit que le général d'arrière-garde avait à exercer, c'était un devoir qu'il avait à remplir, alors surtout que les messages qu'il avait à plusieurs reprises adressés au maréchal étaient restés sans réponse.

» Le cinquième grief, celui d'avoir proposé d'abandonner les prolonges, est détruit par les explications positives de M. le commandant Kœnig et de M. le capitaine Poulle. — Ici cependant se trouve, continue M⁰ Dupin, une déposition que j'éprouve quelque embarras à combattre, je veux parler de celle du commandant Blanchard. Je conçois parfaitement cette susceptibilité toute militaire qui fait qu'un officier français ne comprend même pas qu'on doute de sa parole ; je conçois que ce serait le combattre en l'outrageant que lui dire que son témoignage est faux: mais quant au témoignage en lui-même, **M.** le capitaine Blanchard me permettra sans doute de dire que nul homme n'est infaillible ; que si surtout il y a quelque chose dans la nature humaine qui soit peccable, qui soit incertain, c'est la mémoire. C'est surtout la mémoire des choses rapides, fugitives, passagères, de ces paroles qu'on jette en passant, qui tombent, par exemple, de la bouche d'un général qui passe au galop le long d'une ligne et qui éprouve du mécontentement ; dans une pareille occurrence les propos sont mal dits, mal reçus, mal rendus.

» Ainsi **M.** le commandant Blanchard croit bien fermement avoir entendu dire : « Il faut abandonner tout ce matériel, toutes ces ambulances.» Mais ce qu'il y a de sûr c'est que cela n'a pas été dit, n'a pu être dit. Il y aurait eu délire de la part du général à tenir un pareil langage après s'être opposé lui-même la veille, de sa personne, à ce qu'une prolonge embourbée fût abandonnée. Il faudra donc reconnaître que **M.** Blanchard se trompe, et qu'il croit seulement avoir entendu dire ce qui n'a pas été dit.

» Le sixième grief, celui des insinuations perfides, des conseils coupables, des désirs manifestés de s'emparer du commandement, n'est appuyé par aucun témoin. Il figure dans l'ordre du jour retiré sur les sollicitations de l'honorable colonel Duverger ; mais s'il n'eût été retiré, la cause présenterait un étrange spectacle : on aurait vu un maréchal de France formulant contre un officier-général une accusation, et ne trouvant pas une voix pour l'appuyer.

» Quant au reproche de provocation à l'insubordination, non seulement rien ne vient le justifier, mais encore des témoins dignes de foi attestent que le général de Rigny s'opposait à ce qu'on parlât sur le compte du maréchal, et qu'il fit terminer un colloque qui avait cette direction.

» Le grief d'outrages et d'insultes envers son chef a déjà trouvé une complète réfutation dans le discours de **M.** le rapporteur ; il faudrait, pour que la définition légale s'appliquât à ce fait, que les offenses et outrages eussent été adressés au chef, ou au moins proférés en sa présence. Accueillir des propos que la mauvaise humeur, la légèreté, peuvent faire tenir contre un chef, ce serait encourager la délation dans les camps, et ne sait-on donc pas d'ailleurs que les soldats sont souvent disposés à dire du mal de leurs chefs.

» Il fut une phalange, glorieuse entre toutes celles qui ont illustré la carrière des armes ; un corps dont la présence seule semblait commander à la victoire, qui ne savait que mourir et non se rendre. Chacun a nommé cette garde impériale si long-temps la terreur de l'Europe et l'orgueil de la France. Jamais dans aucun temps, chez aucun peuple, troupe ne fut plus héroïque et n'étonna le monde par de plus grands exploits ; et pourtant combien de fois

ne l'entendit-on pas murmurer hautement contre les privations
et les fatigues qui lui étaient imposées par le grand homme qui la
conduisait aux combats. Ceux qui la composaient en reçurent une
dénomination dont ils ennoblissaient la trivialité. On les appelait
les *grognards* de la garde; ils grognaient, oui: mais une parole du
héros venait-elle électriser leurs nobles cœurs; la présence de
l'ennemi échauffait-elle leur amour de la gloire; l'aigle déployée
les appelait-elle au combat, les murmures se taisaient, leur mécontentement gardait le silence, toutes les douleurs souffertes
étaient oubliées; ceux qui se plaignaient le plus étaient ceux qui se
battaient le mieux, et nul ne pensa jamais à ériger ces murmures
en délits d'insubordination ou d'offense. (Bravos prolongés.) »

Me Dupin discute ici la déposition de M. Bertrand, sans inculー
per sa loyauté; il se demande si lui aussi n'a pas manqué de mémoire lorsqu'il a rendu compte de sa conversation avec le général. M. Napoléon Bertrand n'a-t-il pas déclaré, à l'occasion d'un autre fait, que M. le colonel Duverger lui avait dit que le général de
Rigny avait sali ses épaulettes? M. le colonel Duverger n'a-t-il
pas expliqué comment il était impossible qu'il eût tenu un pareil
propos, alors qu'il faisait des démarches pour faire retirer l'ordre
du jour et rendre le commandement à M. le général de Rigny ?

M. N. Bertrand vivement : J'ai donné un démenti à M. Duverger.

M. le président : Je vous impose silence; n'interrompez pas·

Me Dupin : M. Bertrand me permettra sans doute de ne pas ac-
cepter ce démenti, d'autant plus qu'indépendamment du caractère
respectable du témoin Duverger, il se trouve encore en contradic-
tion avec MM. Melcion-d'Arc et Perrin-Sollier, qui, cités par lui
à l'appui de cette partie de sa déposition, ont déclaré qu'ils n'ont
rien entendu de semblable.

Me Dupin range dans la même catégorie que les élémens du précédent
grief, ces prétendus propos tenus par le général et ayant pour effet de dé-
moraliser l'armée. Ces propos n'ont été tenus par personne. Ce sont aussi
là de ces bruits qu'un nom trivial peut seul qualifier. Tous ces rapports
ces bruits , ces on dit, ce sont : « D'abord un bruit léger rasant le sol
» comme l'hirondelle avant l'orage ; une bouche le recueille et vous le glisse
» dedans l'oreille. Le mal est fait, il grossit, il rampe et chemine, puis
» tout-à-coup vous voyez la calomnie se dresser, siffler, s'enfler, grossir
» à vue d'œil; elle s'élance, étend son vol, tourbillonne, enveloppe, arra-

» che, entraîne, éclate et tonne, et devient un cri général, un crescendo
» public, un chorus universel de haine et de proscription. »

» Voyez maintenant cette fatalité qui s'attache aux rapports, aux récits
de M. le maréchal ; les erreurs y pullulent : car loin de moi l'intention de
dire qu'il ait jamais voulu sciemment porter atteinte à la vérité. En voulez-vous un exemple :

» Le 62ᵉ régiment est accusé par lui, transformé en un régiment de pil-
lards qui aurait détruit les ambulances et se serait emparé du contenu
des caisses. Il a fallu que de braves officiers s'exposassent à toutes les
rigueurs de la discipline, pour avoir justice de ces imputations en réta-
blissant la vérité, l'exactitude des faits.

M. Baude lui-même est accusé dans une correspondance de M. le maréchal, et ce, comme M. de Rigny, de lâcheté et de proposition d'abandonner ce matériel. Comment M. Baude a-t-il répondu à cette accusation ?
en montrant du haut de la tribune nationale une lettre au ministère adres-
sée par le maréchal et dans laquelle celui-ci le mettait au nombre de ceux
qui avaient montré du courage et de la fermeté.

» Cette malheureuse habitude d'erreur se retrouve encore, lorsque
dans son rapport M. le maréchal indique MM. Corréard et Thorigny
comme ayant dirigé contre les Arabes une charge brillante que M. Corréard a eu la justice de dire avoir été faite par M. de Rigny ; la même pro-
pension à l'erreur se retrouve dans les indications de lieux, de dates ; elle
se produit même dans la rédaction des plans, car en voici un calculé sur
une échelle de réduction, il en résulte qu'il se trouverait, si on s'y arrêtait, une demi-lieue de distance entre divers régimens.

» Que voulez-vous ? les faits parlent et démontrent que tout est
inexact dans les rapports de M. le maréchal Clausel.

» En voulez-vous un exemple, l'auditoire qui m'entend en sera un
excellent juge. Dans sa brochure, le maréchal parlant des bienfaits de la
colonisation africaine, avance qu'ils ont été si positifs dans l'intérêt de
Marseille, que sa population en a doublé depuis 1830. Or, renseigne-
mens pris, cette population était de cent quarante-un mille habitans en
1830, elle est aujourd'hui de cent quarante-neuf mille.

» Ce n'est là qu'une erreur, je le sais bien ; mais que dire aussi, lorsqu'on rencontre l'erreur partout. On dirait que semblable à ce philoso-
phe qui disait : « Je ne méprise rien tant que le fait, » le maréchal n'attache
aucune importance à de petites et mesquines vérifications. Aussi, toutes
les fois qu'il attaque, je suis toujours tenté de dire : « Examinez donc ! » Ce
ne sont donc là, je le répète, que des erreurs ; mais aussi combien elles
ôtent de force et de crédit à ses assertions ! Que sera-ce quand on réflé-
chira comment s'est formée cette accusation.

» Une première rencontre a lieu entre le maréchal et M. de Rigny, on
n'y dit rien. M. Clausel arrive à l'arrière-garde, il n'est encore question

de rien. Le soir, il s'adresse avec calme à M. de Rigny et augmente son commandement. Le lendemain, il éprouve une colère de réminiscence, il publie un ordre du jour, puis il le retire et rend au général son commandement.

» Trois jours s'écoulent, sans qu'il soit question de rien, et la colère oubliée revient et revient plus forte à l'occasion de commérages et de propos dont la source est inconnue et dont il est impossible de retrouver et de saisir les auteurs.

» Et là-dessus, quelle mesure est prise par le maréchal? une mesure inouïe, une mesure sans exemple dans nos fastes militaires! Un officier-général est déshonoré publiquement à la face du pays, après trente ans de bons et honorables services, et cela sans information préalable, et sans qu'il lui soit donné de se défendre! Les droits de la défense sont sacrés pour le dernier des citoyens, nul ne peut être frappé d'une peine sans jugement; il faudrait qu'un maréchal de France pût s'arroger le droit de disposer seul de tous les généraux, de tous les officiers placés sous ses ordres! Ah! ce droit, je le lui dénie. Dans tous les cas, si ce droit devait lui appartenir, il faudrait qu'il ne pût jamais en user qu'avec discrétion. Un semblable arrêt porté est effrayant par la rapidité de ses formes, par les inconvéniens qu'il doit entraîner. Je conçois la nécessité de la promptitude des formes dans le maintien de la discipline, mais, encore une fois, là cette nécessité ne pouvait servir d'excuse. Le général de Rigny avait demandé à passer devant un conseil d'enquête; il fallait donc laisser faire cette enquête. Vous avez bien attendu du 25 au 29 novembre, il fallait attendre encore. Il n'y avait pas urgence, il n'y avait pas nécessité qui pussent justifier une semblable mesure; il y avait le pouvoir de sauver, on a mieux aimé le pouvoir de déshonorer. (Profonde sensation.) Je me trompe, on a mieux aimé usurper le pouvoir de déshonorer!

» Pourquoi faut-il qu'une fausse honte l'ait empêché de reconnaître l'erreur qu'il avait commise!

» Un seul parti était à prendre, continue Me Dupin, un seul, noble, loyal, digne de la haute position du maréchal Clausel: c'eût été de reconnaître son erreur, alors que la vérité avait pu se faire jour dans cette affaire; c'était d'effacer lui-même la tache qu'il avait momentanément imprimée sur l'honneur d'un brave militaire, et d'en rejeter la responsabilité à ceux qui avaient pu juger ses déterminations: reconnaître une faute de ce genre, c'est la réparer.

» D'ailleurs le maréchal trouverait dans son passé assez de glorieuses compensations pour qu'il pût avouer que dans sa vie l'expédition de Constantine est un triste chapitre, et l'ordre du jour du 29 novembre une mauvaise page. Qu'il se réfugie donc dans sa gloire acquise, qu'il y puise de grandes et puissantes consolations; mais qu'il ne persiste pas dans une accusation évidemment dénuée, je ne dis pas seulement de motifs réels, mais même de prétextes plausibles. Dans tous les cas, Messieurs, c'est à votre indépendance et à votre justice de proclamer la vérité dont on n'a pas su prendre l'honorable initiative.

» Et qu'on ne dise pas qu'un maréchal-de-camp ne peut avoir raison contre un maréchal de France, que la hiérarchie militaire en serait blessée. Chez nous il n'y a point de pouvoir qui n'ait ses limites, point de position qui n'ait ses droits. La loi militaire elle-même prévoit et punit les violences des chefs envers leurs subordonnés. En même temps qu'elle maintient l'autorité des uns, elle empêche l'oppression des autres, conciliant ainsi les exigences de la discipline et la dignité des hommes.

» Mais s'il est une arme où le maintien d'une discipline sévère soit indispensable, c'est assurément la marine; et s'il est un peuple chez qui cette discipline soit rigoureusement maintenue, c'est assurément chez les Anglais.

» Eh bien ! écoutez ce qui advint dans une occasion presque identique avec la position qui vous est soumise.

» L'amiral Mathews, battu par un amiral français, avait accusé le contre-amiral Lestock de *faiblesse* (le mot est remarquable), et voulait lui attribuer sa défaite (M. le maréchal Clausel n'a pas osé aller jusque-là envers M. de Rigny). Mais, de retour en Angleterre, Lestock demande des juges, s'explique, se justifie et est acquitté honorablement. Il fit plus, il accusa son accusateur qui succomba et fut déclaré indigne de servir dans la marine anglaise. Grand et utile enseignement, qui montre que le pouvoir ne doit pas rester où n'est pas la justice!

» Messieurs, nous ne demandons pas la mise en jugement de M. le maréchal Clausel; il est légalement hors du débat, sa responsabilité morale est seule engagée: mais il n'a pu naître aucune préoccupation dans vos esprits.

» Le bâton de maréchal est intact, il est désintéressé dans la question; mais, de grâce, songez aussi à la dignité de l'épaulette du général, et ne souffrez pas qu'il y soit porté atteinte.

» Sous ce point de vue, je ne crains pas de dire que la cause du général de Rigny est celle de l'armée entière.

» Qu'il soit bien entendu désormais que si, pour tout ce qu

est du service, le subordonné doit obéissance à son chef, le chef ne peut flétrir arbitrairement sont subordonné ; que l'honneur du plus faible n'est point à la merci du plus fort ; qu'on ne se joue pas impunément des réputations ; qu'il y a un recours encore contre l'injustice et la diffamation.

» Alors l'armée conservera sa dignité, sans rien perdre de sa discipline ; alors les ordres du jour émanés de ses chefs conserveront le caractère qui leur appartient : aux jours heureux de la victoire, ils proclameront la gloire de nos armes ; aux jours de malheur, s'il nous en était encore réservé, ils seraient l'écho de nos douleurs : mais, dans la prospérité comme dans les revers, ils ne seront jamais un moyen de vengeance personnelle et de diffamation. »

De nombreux applaudissemens accueillent l'orateur, qui, durant cette éloquente improvisation, n'a pas cessé de captiver à un haut degré l'attention de l'auditoire.

M. le général de Rigny se lève, et d'une voix forte, mais pleine d'émotion, il s'exprime en ces termes :

« Je n'ai rien à ajouter à ma défense ; j'ai dû laisser à mes états de service l'explication de ma vie passée, à mes compagnons d'armes le soin de réhabiliter ma conduite récente, à mon éloquent défenseur la tâche de rassembler les preuves de mon innocence, à vous la mission de tout apprécier.

» L'accusation la plus grande et la plus cruelle qui puisse atteindre un officier, a été lancée contre moi ; je l'atteste sur l'honneur, c'était une odieuse calomnie : mon âme en a été brisée, mais j'ai puisé dans mon indignation même la force de vivre et d'ailleurs je n'ai jamais désespéré de la justice de mes pairs et de mon pays.

» J'ai demandé des juges et les ai obtenus : je les ai obtenus tels que je pouvais les demander au ciel, honorables, loyaux, au-dessus de toute passion et de toute faiblesse ; aussi je parais devant vous la tête haute, le cœur ferme et la conscience tranquille.

» Maintenant, Messieurs, vous devez me connaître, et j'ose dire que j'attends votre arrêt avec un sentiment plus consolant que l'espérance ; je l'attends avec sécurité.

» Vous avez entre vos mains plus que ma vie, vous avez mon honneur ; l'ordre du jour du 26 novembre 1836 avait entaché mon épée, j'ai dû la déposer devant vous pour que cette souillure en fût effacée, et j'ai compris qu'un jugement solennel pouvait seul me la rendre pure et sans tache, telle que je l'ai toujours portée pendant trente ans.

» Messieurs, je serai fier et heureux de la tenir de vous, et vous n'aurez pas à regretter de me l'avoir rendue ; comme mon sang, comme ma vie, elle sera toujours au service de la France ! »

De nouveaux applaudissemens éclatent dans l'auditoire.

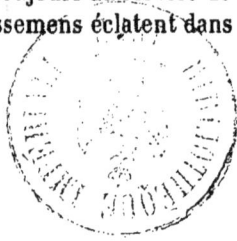